KB016078

이 책의 글을 쓴 애지니아빠는 대학에서 프랑스 문학을 가르치며,
연극에 관한 글을 쓰고, 번역하며, 또 연극을 만드는 일을 한다.
글이든 말이든 혹은 말해지지 않은 것이든 간에
언어를 보고 듣고 쪼개고 상상하며 살고 있다.
연극과 놀이가 같은 말(play)인 것에 기뻐하면서
직업적 활동에 할애하는 시간 이상을 애지니와 함께 놀기를 원하지만
점점 아빠와 거리를 두고 싶어 하는 아이에게
온갖 애교로 매달리고 있다.

이 책의 그림을 그린 이강훈은 대학에서 시각디자인을 전공했다.
다양한 매체에 그림을 그리고 있으며 틈틈이 달리거나 이야기를 쓴다.
400여 권의 단행본에 그림을 그렸고,
『도쿄 펄프픽션』, 『나의 지중해식 인사』 등을 쓰고 그렸다.
서울 어느 조용한 동네에서 말이 많은 고양이 두 마리와,
애지니 그림의 원래 모델이지만 말수가 적은 사람과
넷이서 함께 비교적 사이좋게 지내고 있다.

**말을 낳는 아이,
애지니**

ⓒ 애지니아빠, 2021
ⓒ 이강훈, 2021

1판 1쇄 펴냄 2021년 1월 27일
편집·디자인 강초록
제작 북팩토리

펴낸이 박진희
펴낸곳 ㈜파롤앤
출판등록 2020년 9월 10일 (제2020-000195호)
주소 서울시 서초구 서초대로 396, 217호
이메일 parolen307@parolen.co.kr

ISBN 979-11-973173-0-9 03810

말을 낳는 아이,
애 지 니

애지니아빠 지음 · 이강훈 그림

파 롤 앤

아빠의 받아쓰기

아이는 어른으로부터 말을 배우는 것일까? 아니 아이는 말을 배우지 않는다. 차라리 세상에 처음 사물들의 이름이 생기던 그 순간을 아이는 스스로 겪는다. 아이의 말들은 처음 그것이 생겨난 그 먼 옛날의 힘을 지니고 다시 태어난다. 말을 낳는 아이.

세상의 모든 아이들은 말을 낳는다.

아이들의 말은 엉뚱하다. 아이니까 할 수 있는 말들은 어른의 상상을 뛰어넘어 기발하고 재미있다. 어떻게 저런 말을 할까? 하지만 사실 말의 원래 모양새는 아이들의 것에 더 가까울지도 모른다. 어른들이 왜곡시킨 말이 아닌 말의 원래의 모양은 어떻게 생겼을까? 그것이 알고 싶다면 살며시 아이에게 다가가 귀 기울여 보자.

말이 태어난다. 알처럼 동그란 껍질에 싸여 태어난다. 그리고 껍질이 갈라지고 그 사이에서 웃음소리가 새어 나온다. 두런두런하던 웃음소리는 알을 깨고 터져 나와 세상을 가득 채운다. 최초의 말은 웃음소리였다. 세상보다 더 먼저 태어난 아이들의 웃음소리. 앞으로 펼쳐질 시간을 믿는, 행복한 웃음.

말들이 이렇게 새로 태어나는 매 순간, 그 놀라운 경험들 속에서 아빠로서 즐거워하며 따라 웃다가, 어느 날 잊기 전에 이제라도 그 말을 받아쓰기로 마음먹었다. 세상의 다른 모든 아이들과 같은 그리고 또한 세상에 단 하나밖에 없는 애지니가 한 말 그대로 받아쓰기로.

말이 태어나는 그 순간을.

차례

6

말을 낳는 아이, 애지니

차례

—

좋
다.

눈 오는 날 집에 있는 느낌이야

말을 해! 말을!

　우리 나이로 세 살이지만 아직 두 돌이 채 안 된 20개월부터 애지니는 어린이집에 다녀야 했다. 첫 주엔 제 딴에 온종일 낯선 곳에서 지내는 것이 힘들었던지 집에 돌아와 밥을 먹는데 눈이 자꾸 씰룩거린다. 그저 한번이 아니라 계속 씰룩거린다. 덜컹 겁이 나서 인터넷을 뒤져보니 '틱'이란다. 일시적인 현상일 수도 있지만, 지속적일 위험도 있으니 우선 지켜보라고 한다.

　다행히도 일주일 정도 지나니 눈 깜박임은 잦아들었다. 어린이집에 가기 싫다고 생떼를 부리지도 않는다. 오히려 아이들이 많은 곳에서 노래하고 춤추며 함께 노는 것이 신이 나는 것 같다. 어린이집 선생님들은 애지니가 말을 곧잘 한다고 칭찬해주셨다. 아닌 게 아니라 여자아이라서 그런지 말문이 빨리 트여, 벌써 온갖 일에 참견하며 종일 종알거린다.

오후에 어린이집으로 아이를 찾으러 갔다. 애지니는 자기보다 조금 작은 사내아이와 놀고 있었다. 애지니는 사내아이의 어깨를 흔들며 뭐라 말을 하고 있었다. 요만한 꼬마들은 서로 무슨 말을 주고받을까가 궁금해 가까이 다가섰다. 아빠가 온 줄 모르는 애지니는 제 말 상대에게 집중하고 있었다. 사내아이 어깨를 아까보다 더 세게 흔들며 소리쳤다.

"말을 해! 말을 좀 하라고!"

또래지만 아직 말문이 트이지 않은 사내아이는 콧물을 흘리며 흔들거리며 계속 웃었다. 뜻 모를 소리를 내지르면서.

"에우으이라부ㅋ아 칭규 노르쟈."

행복이 가득한 집

매미 소리 잦아든 한여름의 밤. 약하게 틀어 놓은 선풍기 바람이 더운 기운을 곁으로 날려버린다. 배가 불룩하도록 수박을 잔뜩 먹고 애지니는 잠자리에 누웠다. 먼저 누운 엄마를 껴안는다. 엄마는 미동도 없다. 눕자마자 바로 잠들어 버리는 놀라운 능력이 있기 때문이다. 그래도 잠든 엄마를 끌어안고 기분이 좋아 애지니는 혼자 중얼거린다.

"아, 좋다. 눈 오는 날 집에 있는 느낌이야."

눈 오는 날, 눈을 맞는 느낌이 아니라 집에 있는 느낌은 뭘까? 그것도 한여름에…….

자꾸 힘이 더 생겨

종일 집에 있는 것이 무료해 보여, 집 근처 대학 캠퍼스 잔디밭에 산책을 나왔다. 애지니는 뛰어 저만치 달아난다. 6살 애지니는 모든 아이가 그렇듯이 에너지가 넘친다. 가만히 있을 수가 없어서 달리고 또 달린다. 온종일 뛰어다녀도 지치지 않고 오히려 그 힘을 다 쓸 수가 없어서 힘들어한다. 한 시간 정도 따라다니고 나니 아빠는 기진맥진이다. 쉬지도 않고 이어지는 술래잡기……. 잡으면 뭘 하나, 또 도망가고 다시 잡아야 하는 것을. 이제 술래잡기를 그만하자고 애원하는 표정으로 애지니를 벤치에 앉힌다.

"애지나, 넌 힘이 넘치는구나?"

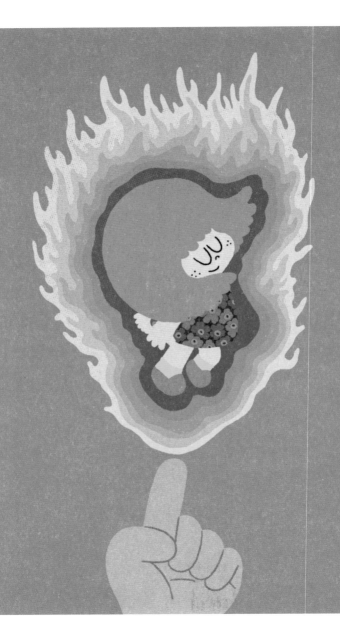

애지니는 자랑스러운 듯 웃으며 벌떡 일어난다.

"응, 난 힘이 여기 몸 가득 있는데, 자꾸 힘이 더 생겨. 그래서 몸에 더 힘이 들어갈 자리가 없어. 꽉꽉 찼어."

몽실하게 꽉 찬 여섯 살의 팔을 쭉 뻗으며, '생명'이라는 말의 뜻이 '살아있는 기운'이라는 것을 아빠에게 가르쳐 준다. 예전에 내 몸에 꽉 찼던 살아있는 기운들은 다 어디로 가고 이제 내겐 살만 남은 걸까?

꿈들은 어디에?

　낮잠을 곤히 잔다. 이마에 땀이 송골송골 맺혔지만 그래도 입가엔 자면서도 미소를 머금고 있다. 너무 오래 자는 것 같아서 굳이 흔들어 애지니를 깨운다. 꿈을 꾸다 만 모양인지 쉽게 잠을 깨지 못하는 애지니가 어렴풋이 눈을 뜨고는 사방을 둘러본다.

　"아빠, 꿈들은 다 집에 갔어?"

　이런 말들이 자연스러운 것은 몇 살까지일까?

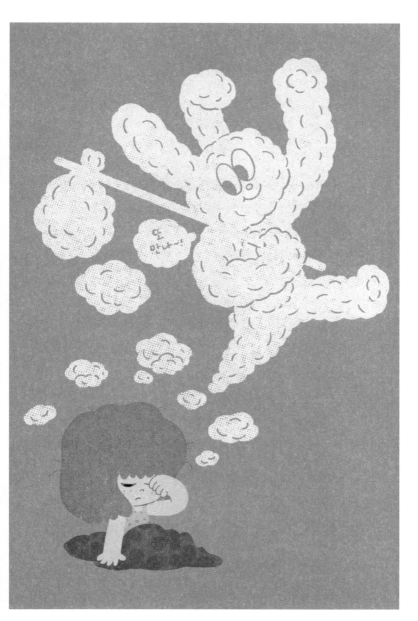

초록색 옷을 입은
귀여운 아저씨

아빠가 애지니와 놀다가 애교를 부려본다. 목소리를 귀엽게 하고, 눈을 깜빡이며 한껏 아이 같은 표정을 지으며 콧소리로 '애지나……' 하며 부른다. 그런 아빠가 재미있는지 눈을 동그랗게 뜨고 소리 내 웃는다.

"하하. 아빠, 그러니까 테레비에서 왕 옆에 있는 초록색
옷 입은 아저씨 같다. 왕이랑 항상 같이 다니는 아저씨…….
귀여워."

아직 애지니는 상선, 내시 같은 말을 모른다.
그리고 그 아저씨가 왜 그렇게 귀여운지도…….

'영유아 양육을 위한 아버지의 스트레스' 에 관한 설문

어린이집에서 '영유아 양육을 위한 아버지의 스트레스'에 관한 설문지를 보내왔다. 제법 두툼한 설문지를 채울 생각에 스트레스를 받는다. 설문지 작성 중에 설문 작성자에 대한 정보를 물어온다. 나이는? 직업은? 그러다가 근무 형태에 관한 질문에 출퇴근 시간을 묻는 항목이 있다. '귀하는 매일 출근을 합니까?' '그렇다면 출근 시간은 몇 시입니까? 퇴근 시간은?' 옆에서 아빠가 설문에 답하는 것을 보고 있던 애지니가 제 딴에 도와주고 싶어서 대신 설명에 답을 한다.

"출근 안 한다. 퇴근 안 한다. 집에만 있는다."

방학 중이라 집에 있었더니 아빠가 백수로 보이는가 보다. 아무튼, 아빠는 애지니를 양육하는 스트레스는 전혀 없다!

6살 애지니의 남성관

아빠: 애지나, 너는 어떤 남자애가 좋아?

애지니: (곰곰이 생각하는 듯하다가 느닷없이) 조용한 남자.

아빠: (응? 전혀 예상과 달라 당황스럽지만, 맞아 시끄럽고
　　　괜히 꽥꽥 소리치는 남자애들은 아빠도 싫어) 또, 세 가지만
　　　말해봐.

애지니: 다정한 남자.

아빠: (참 별스럽군. 6살짜리가……) 또?

애지니: 편안한 남자.

아빠: (이건 뭐지? 다정하고 편한 유치원생이 있나?
　　　엄마가 세뇌했나……) 그래?

애지니: (오랫동안 뭔가 갈등하는 듯하더니 갑자기 솔직해진
　　　　목소리로) 그런데 아빠. 난 안 그러려고 하는데,
　　　　자꾸만 자꾸만 장난꾸러기가 좋아져…….

아빠: 휴! (안도의 한숨을 쉬며) 개구쟁이라도 좋아.
　　　튼튼하기만 하면 되지 뭐.

놀라운 발견

애지니가 처음으로 친구 집에 놀러 갔다 왔다. 돌아와서 밥을 먹다가 엄마 아빠에게 친구 집에서 아주 신기한 일이 있었다는 듯 눈이 커다래져서 설명해준다.

"엄마 아빠. 걔네 집에는 글쎄 아빠가 엄마보다 더 커!
신기하지……. 그런데 그 집은 엄마가 설거지해.
정말 신기하지"

아빠는 이 말이 참 어색하고, 달리 답해 줄 것이 없다.

아빠의 아빠

할아버지에게는 저녁마다 애지니와 전화하는 것이 큰 즐거움이다. 하지만 애지니는 점점 할아버지와 전화하는 걸 귀찮아한다. 그도 그럴 것이 할아버지와의 전화 내용이란 것이 매번 똑같기 때문이다. 이제 애지니는 꾀가 나서, 할아버지에게 친절하게 조금 이야기하는 체하다가, 아빠나 엄마에게 전화기를 넘긴다.

오늘도 할아버지와 잠시 이야기하다 아빠를 바꿔주겠다고 한다. 할아버지께서는 아마도 애지니하고만 얘기하고 싶다고 말씀하셨나 보다. 애지니가 마치 할아버지를 구슬리듯이 말한다.

"할아버지가 아빠의 아빠잖아요. 아빠하고 얘기해 보세요. 우리 아빠하고 얘기하는 거 진짜 재미있어요!"

끈적이

애지니는 막 7살이 되었다. 함께 TV를 보는데 남주가 여주에게 멋진 대사를 날리고 있다. 드라마 대사를 따라 하는 오래된, 좋지 않은 습관을 지닌 아빠가 애지니를 바라보며 또다시 연기에 도전한다. "이것만은 명심해. 네가 어디에 있든 이제부터 내가 너와 함께라는 것을."

애지니는 울 것 같은 표정이 된다. 그리고 이내 부르르 진저리를 떨며 아빠를 밀치고 소리친다.

"이…… 끈적끈적아!"

'끈적거린다'라는 말을 이런 때 쓰는 줄 모를 텐데 어떻게 이렇게 정확히 상황에 맞는 말을 골라낼까? 정말 말은 배우는 것이 아니라 몸 안에 그냥 저장되어 있다가 알맞은 상황이 되면 저절로 튀어나오는 것이 아닐까?

아무튼, 아빠의 연기력엔 문제가 많다.

불리하다와 안 유리하다

빙하기에 관한 그림책을 혼자 읽고 있다. 책 속에서는 빙하기 시대의 동물들이 추위에 떨고 있었다. 애지니는 얼음 나라의 동물들이 추위에 떠는 모습을 안쓰럽게 바라본다. 이글루를 담요로라도 덮어주고 싶은 표정이다.

"아빠! 순록이 털코뿔소보다 안 유리하다. 털이 더 적어서."

털코뿔소가 뭔지 몰라서 어리둥절했지만, 아빠는 이 순간에도 아이가 우리말 어휘를 더 정확하게 쓰게 해야겠다는 생각에 애지니 말을 고쳐준다.

"응, 순록이 '불리해'라고 말하는 거야. '안 유리하다'가 아니라."

애지니는 아빠를 이상하다는 표정으로 바라보며 덧붙인다.

"아빠! '안 유리하다'가 더 편하지 않아? 순록이 더 춥다고!"

한문을 모르는 아이와 이야기하는 것은 정말 안 유리하다. 한자는 도대체 몇 살 때부터 가르쳐야 하는 걸까?

다이어트와 스트레스

　프랑스 엄마들은 아이와 타협하거나 협상을 하지 않고 항상 원칙대로 아이를 키운다는 이야기가 TV에서 나온다. 아이를 키우는 아빠이기에 자연스럽게 여기에 관심이 가서 TV 볼륨을 높이고 듣다가 애지니의 생각이 궁금해서 물어봤다.

　"애지나. 프랑스에서는 아이가 만화를 30분 보기로 했는데, 다 보고 10분만 더 보겠다고 조르면, 아빠가 절대 안 들어 준대. 넌 어떻게 생각해? 아빠도 그래야 할까?"

애지니는 손사래를 치면서 아니라고 한다.

　"아빠! 그러지 마, 아빠는. 그러면 나 '다이어트' 받아."

어리둥절한 아빠를 바라보며 애지니가 뭔가 잘못되었다는
표정으로 더듬더듬 새 말을 찾는다.

"……스……트……레……스."

애지나. 부끄러워하지 마. 넌 벌써 알아차린 거지. 이미 알고
있는 거야. 다이어트와 스트레스가 사실 같은 뜻이라는 걸.

어린 왕자의 소원수첩

 TV 어린이 만화 중에서 <어린 왕자>라는 프로그램이 있다. 어린 왕자는 수첩을 갖고 다니는데 그 수첩에 소원을 쓰고 '후' 하고 그 페이지를 불면 소원이 이루어진다. 애지니에게 똑같이 생긴 수첩을 사주면서 소원을 적어보라고 했다. 매번 무언가를 적는 눈치다. 일기장은 아니니까…… 하며 아빠는 어느 날 몰래 소원수첩을 펼쳐 보았다. 애지니의 소원은……,

 ○○이랑 같은 반이 되고 시퍼요.
 △△ 엄마가 가리키는 학교 다니개 해주세요.
 ○○이도 △△도 □□까지 함께 다니개 해주세요.
 ……
 아니요 아니요 그냥 ○○이랑 △△하고만 가치 다니개 해주세요.

둘

그
걸

'우리'라고 하는 거야

도대체

결혼 13년이 되던 해에 기적처럼 애지니가 태어났다. 그래서 애지니 엄마와 아빠는 아주 조금…… 나이가 많다. 어린이집 시절에는 그런 내색이 없더니 초등학교에 입학한 이후로는 부쩍 다른 친구들의 엄마 아빠와 우릴 비교하며 의아해한다. 친구들 엄마 아빠에 비해 덜 뽀송뽀송한 우리 모습이 수상해 보였나 보다.

학교 앞에 데리러 가는 걸 점점 꺼리는 눈치다. 오늘은 미술 학원에 데리러 갔는데 마침 친구 아빠와 마주쳤다. 친구 아빠가 내게 너무도 공손하게 인사하는 걸 본 애지니는 차에 타서는 정말 궁금한 듯이 묻는다.

"아빠. 아빤 도대체 몇 살이야?"

'도대체'란 말이 이렇게 울림이 큰 줄은 몰랐다. 그래서 온종일 도대체 아무 일도 손에 잡히질 않는다. 도대체…….

BIG FISH

아이와 함께 볼 영화를 고르기가 늘 쉽지 않다. 항상 만화영화나 코미디만을 볼 수도 없고, 주인공이 어린이인 영화만 볼 수도 없다. 그렇지만 좋다고 알려진 영화들은 아이에게는 지루하기가 십상이다.

애지니에게는 조금 어려울지도 모르겠다고 생각하면서도 그래도 거인, 서커스 등 환상적인 이야기가 많아 흥미로울 수도 있겠다 싶어서, 팀 버튼 감독의 <빅 피쉬>를 함께 보았다. <찰리와 초콜릿공장>은 어린이 영화라 말할 수 있지만 <빅 피쉬>는 어른에게도 조금은 어려운 영화다.

하지만 애지니는 예상보다도 훨씬 그 영화를 좋아했다. 애지니는 과연 내용을 잘 이해했을까? 영화 후반에 눈물을 조금 보이면서도 유쾌하던 애지니는 영화가 끝난 후 슬그머니 제 방으로 들어간다. 열려진 문 사이로 살짝 엿보니 애지니는 책상에 앉아 진지한 표정으로 '어린 왕자'의 소원수첩에 뭔가 적고 있다.

영화가 끝나자마자 달려가서 저기에 뭐라고 썼을까? 다음날 아빠는 또 몰래 수첩을 열어 본다.

아빠가 100살에 엄마랑 가치 하늘로 날아가게 해주세요.

애지니는 영화 내용을 다 이해하고 있었다.

내가 겁나는 것

"애지나, 넌 엄마 아빠가 죽을까 봐 겁나니?"

"아니, 난 내가 죽을까 봐 겁나."

무한대로 사는 법

애지니는 그 또래의 아이들이 늘 그렇듯 '죽음'이라는 개념을 해결하지 못해서 힘들어한다. 애지니는 죽기 싫고 그래서 무한대로 살고 싶단다. 사람이란 죽을 수밖에 없다는 것을 어른이 되면서 받아들여야 하지만 어린아이가 그것을 받아들일 수 없는 것은 당연하다. 그래도 죽음 앞에서 혼자 낑낑거리지 않게 하려고 아빠는 죽음과 생명이 사실은 하나라는 것을 알려주고 싶었다.

식물을 예로 들어 아빠 엄마의 씨앗이 애지니가 되고, 애지니의 씨앗이 애지니의 아이가 되고 또 그 아이의 씨앗이 그다음 아이가 되면 무한대로 사는 것이 아니겠냐고 설명해 본다. 애지니는 곰곰이 듣고 있다가 갑자기 보리수 아래에서 깨달음을 얻은 부처 같은 미소를 지으며 되묻는다.

"아빠, 그걸 뭐라고 하는 줄 알아?"

"뭔데?"

"그걸 '우리'라고 하는 거야."

'우리' 안에서 사람은 영원히 살 수 있다. 나, 너, 우리. 우리 나라 대한민국……. 아빠는 어린 시절 초등학교 1학년 교과 서에서 배운 것을 딸에게서 다시 배운다. 우리…… 만세!

그리스의 붉은 노을

아이와의 여행은 즐거운 추억으로 가득하지만 지나고 나면 허탈한 경우도 많다. 왜냐하면, 아이는 아름다운 추억을 잘 기억하지 못하기 때문이다. 그것이 해외여행일 경우는 더욱 그렇다. 애지니의 이름은 그리스의 작은 섬 이름에서 따왔다. 유학 시절 절친이었던 프랑스인 친구가 그리스 여자와 결혼을 했다. 결혼식은 처가가 있는 그리스의 조그만 섬에서 거행되었고 난 아내와 함께 신랑의 들러리로 초대되었다. 그 섬 이름이 '애기나'였는데 오랫동안 '애기'를 무척 갖고 싶었던 우리에겐 그 섬 이름이 무슨 계시처럼 들렸다.

'애기나!'

프랑스인들은 이 섬을 '애진'이라고 불렀다. 10년 후 친구는 결혼 10주년 파티에 결혼식 들러리였던 우리가 꼭 다시 와 주어야 한다며 우리를 초청했다. 이번에는 5살 애지니와 함께 갔다. 친구 부부는 파리에서는 애지니를 '애진'이라고 부르더니 그리스에 가서는 '애기나'라고 불렀다.

자기들 섬의 이름을 한 동양 아이를 작은 섬 사람들은 모두 예뻐해 주어서 그 섬이 마치 애지니의 고향 같았다. 가게에서도 아이 이름을 들으면 물건값을 깎아 주는 일이 잦았다.

그리스의 여름은 너무 더워서 낮에는 쉬다가 저녁 5시경이 되어서 해변에 간다. 모래사장 바로 옆 식당에 파라솔 자리를 얻고, 수영하고, 밥 먹고 놀다가 저녁을 맞는다. 지중해 속으로 빨려들 듯이 붉은 해가 잠기면 그 붉은 기운 전부가 바다에 잠겨 넘실대는 노을은 잊을 수 없는 장관이었다. 노을을 바라보며 나는 그토록 간절히 바랐던 아이가 태어나 함께 이곳에 와있는 것에 감사하고 또 감사했다. 엄마 아빠가 널 세상에 태어나게 해달라고 이곳에서 얼마나 기도했는지를 애지니에게 말해주었고, 언젠가 꼭 다시 오자고 약속했다.

하지만 일 년이 채 지나지 않아서 애지니는 그리스에 대해서 아무것도 기억하지 못했다. 아이들 기억은 견고하지 않다. 그곳에 간 것은 기억이 나는데 구체적으로 무엇을 했는지를 알지 못했다. 입이 짧아서 그리스 음식을 잘 못 먹어 힘들어하는 것을 보시고 아침마다 직접 고깃배를 타고 나가 낚시해 온 물고기를 구워주시던 그 집 할아버지도 기억하지 못했고, 항상 손을 잡고 데리고 다니던 세 살배기 동생 아리스도 기억하지 못했다.

파리에 간 것과 다시 비행기를 타고 그리스 바닷가에 간 것을 기억했고 아빠가 너무 사진을 많이 찍어서 지겨웠던 것 정도를 기억했다. 그렇게 그리스의 추억은 힘겹게 웃음 짓는 사진 속에만 남았다.

애지니는 이제 초등학교 3학년이 되었다. 학교 미술 시간에 유화 수업을 했다면서 캔버스를 내민다. 화폭에는 푸른 바닷속으로 고깃배 세 척이 떠 있고, 태양이 바닷속으로 빨려 들어가고 있었다. 붉은 노을이 하늘과 바다를 온통 붉게 덮고 있었는데 갈매기 세 마리가 그 붉은 하늘을 날아가고 있었다.

"이 그림 제목이 뭐니?"
애지니는 제 방으로 들어가면서 퉁명스럽게 대답을 툭 던진다.

"그리스."

다 기억하고 있었구나. 감사합니다.

민달팽이

애기나 섬에서는 매일 해변에 갔다. 수영을 하고 밥을 먹고, 하지만 대부분 시간은 해변 파라솔 아래서 누워서 쉬면서 보낸다. 마뉘 아저씨와 아빠는 이 얘기 저 얘기를 하다가 코를 골면서 함께 낮잠에 빠지곤 한다.

저녁 무렵이 되면 마뉘의 처가 식구들, 그 사촌들, 그리고 친구들이 해변으로 모여든다. 저녁이 되어도 식지 않는 지중해의 바닷가 파라솔 식당에서 남자들은 대부분 상의를 벗고 밥을 먹었다. 애지니는 이 시끌벅적한 해변의 파티 때마다 아빠를 유심히 바라보았다. 아침에 일어나 면도를 하는 아빠를 또다시 유심히 바라보면서 애지니는 뭔가 말을 하고 싶어 하는 눈치다.

"왜 그래? 할 말 있어?"
애지니는 조심스럽게 얘기를 꺼낸다.

"아빠······, 아빠는 가슴도 면도하는 거야?"

수북하게 털 난 그리스 아저씨들의 가슴과 아빠의 가슴이
왜 다른지 애지니는 궁금했나 보다.

아빠는 애지니에게 민달팽이가 되었다.

런닝맨1: 유재석, 아빠 그리고 김종국

<런닝맨>은 애지니가 가장 좋아하는 TV 프로그램이다. <런닝맨>의 본방을 사수하기 위해서 우리 가족은 일요일 저녁에는 반드시 집에 있어야 한다. 물론 다시 보기로도 수없이 보았다. 봐도 봐도 싫증이 나지 않는가 보다. 아빠는 공연히 유재석에게 샘이 난다. "애지나, 유재석이 아빠보다 더 좋아?" 내심 유재석이 더 좋다고 말할까 봐 걱정하며 조심스럽게 물었다.

"아니."

너무 기뻤다. 국민 MC 유재석을 아빠는 이겼다. 우리 딸에겐 아빠가 더 좋은 게 당연하지. 아니 혹시 유재석이 더 좋더라도 아빠에게는 아니라고 말해주는 배려심을 가졌구나. 정말 기특하다고 생각하고 있을 때…… 애지니가 신이 나서 덧붙인다.

"김종국이 아빠보다 더 좋아."

개그콘서트

<개그콘서트>에 '남자가 필요 없는 이유'라는 코너가 있었다. 3명의 남자가 있는데 '잘생긴 남자', '나만 생각해주는 남자', '보통 남자'다.

'잘생긴 남자'는 바람둥이다. 애지니는 이 남자를 좋아하는 눈치다. 바람둥이인 잘생긴 남자는 여자친구가 많아서 가끔 여자친구 이름을 헷갈린다. 함께 TV를 보던 애지니가 혼잣말처럼 중얼거린다.

"그래도 괜찮은데……"

현대미술

애지니가 아파서 어린이집에 가지 못했다. 엄마는 나가고, 방학 중이라 바쁘지 않은 아빠가 온종일 애지니를 본다. 오전에 병원에서 신종플루 같은 독감은 아니라고 판정받아서 안심했다. 오후에 예정된 대로 영어학원과 미술학원에 보내도 되겠구나 하고 내심 기뻤다. 그런데 애지니는 학원에 가지 않겠다고 한다.

"머리가 아파."

종일 놀아줘야 하는 것이 겁이 나서 아빠는 그래도 미술학원만은 보내보려고 한다. 미술학원은 놀이개념으로 가르치니 영어학원보다는 견딜 만할 거로 생각했다.

"머리 아프면 미술학원은 괜찮겠다. 온종일 집에 있는 것보다 미술학원 가서 좀 놀아."

하지만 애지니는 완강하다.

"아빠, 미술은 머리로 하는 거야. 무엇을 어떻게 만들까……
이런 걸 생각하는 게 미술이야."

애지니가 그렇게 심오한 현대미술을 하는 줄 아빠가 어찌
알겠니.

로미오와 줄리엣, 정신 차려!

목욕하며 인형놀이를 할 때 들려준 셰익스피어의 <한여름 밤의 꿈>을 애지니는 무척 좋아했다. 아빠는 셰익스피어 작품을 잘 알고 있는 자신의 교양에 우쭐하고 또 그것을 아이 놀이에 활용한 창조적 교육방식에 스스로 감탄하여 내친김에 아이의 교양교육을 강화하기로 굳게 마음먹는다. 미국의 어느 대학은 4년 동안 세계고전만을 가르친다지? 인문학 어린이 영재교육을 한번 해볼까?

그리하여 오늘의 교재는 셰익스피어의 또 다른 명작 <로미오와 줄리엣>이다. 이야기가 좀 길어서 가장 유명한 장면들만 영화로 추려 보기로 했다. 두 사람이 첫 만남을 하는 무도회 장면부터 사랑 고백을 하는 발코니 장면까지만을 보기로 했다. 옛날 사람인 아빠는 디카프리오 버전보다는 올리비아 핫세 버전을 더 좋아한다.

애지니는 흥미롭게 영화를 따라갔다. 로미오가 나무를 타고 발코니로 올라가 줄리엣에게 키스하는 장면에서 긴장하고 부끄러워하면서도 눈을 돌리지 않는다. 그런데 땅으로 내려갔던 로미오가 나무를 타고 다시 올라왔다. 그리고 누군가 나타날 것 같은 긴박함 속에서도 이제 누가 보는 것 따위는 안중에도 없는 듯 두 사람은 키스에 열중한다. 정작 조바심이 난 것은 애지니였다.

"저것들이 제정신이야!"

일어서서 안절부절못한다. 눈을 가렸다가 귀를 막았다가 소파 위에서 펄쩍 뛰고 이리저리 서성이더니 마침내 소리쳐 외친다.

"그만해. 그만해!"

오늘의 인문학 교육은 급작스러운 관객난입으로 중단되었다.

울려 퍼지는 것

　엄마가 외국 출장 중이다. 올해는 작년과 다르게 엄마 출장 갔을 때 보고 싶다고 밤새 울며 보채지는 않는다. 아빠가 아침 준비를 하는데 뭔가 허전하다. 음악이 없어서 그랬다. 애지니 엄마는 항상 라디오를 틀어 놓는다. 오전에는 클래식 방송을 주로 듣고, 저녁 무렵이면 <배철수의 음악캠프>로 팝송을 듣는다. 보통 때처럼 음악을 틀어주면 엄마가 집에 있는 느낌일 것 같아서 라디오를 켜려는데 애지니가 틀지 말라고 막는다.

　"왜?"
　"난 엄마가 듣는 음악이 재미없어."
　"그래 넌 아이돌 언니 오빠들 음악을 좋아하지?"
　"응 난 혼자서 부르거나 둘이 부르는 노래는 재미없어.
　여럿이서 불러야 신이 나지."

"그건 네가 춤추는 노래를 좋아해서 그래. 하지만 혼자
하는 조용한 노래도 좋은 게 많아."

아빠는 발라드 노래를 한 소절 부른다. 너무나 오래된 노래
를 처량하게 부른다. 요즘 노래는 가사를 기억하지 못하니까
항상 옛날 노래를 하게 된다. '찬 바람이 불면 내가 떠난 줄
아세요, 스쳐 가는 바람처럼 그리움만 남긴 채…….' 그런데
노래를 듣고 있던 애지니가 그리 싫지 않은 표정이다.

"나도 그런 노래 좋아해. 그런 노래는 울려 퍼지거든."

애지니는 자기 가슴을 가리키면서 말했다. 예전에도 애지
니가 무엇엔가 감동하였을 때 울먹이면서 '그게 내 가슴을 툭
쳤어'라고 말한 것이 기억났다.

"응, 너 감동했구나"
"감동한 게 뭐야?"
"음…… 눈물이 나는 거 같은 거야."

애지니가 곰곰이 생각하더니 고개를 가로젓는다.

"울려 퍼지는 것하고 눈물이 나는 것은 달라."

"눈물이 나는 건 혼자 그런 거고, 울려 퍼지는 건 사람들한테 다 그렇게 되는 거야…… 그래서 모두 울려서 퍼지는 거지."

애지니 말 속의 뭔가가 내 가슴에 툭 와닿는다. 뭔가 울려 퍼지고 있나 보다.

크리스마스에 해야 하는 일

이제 곧 크리스마스다. 오랫동안 벼르다가 작년 크리스마스에 어른 키보다도 훨씬 큰 트리를 샀다. 그런데 세워놓았을 때는 멋지고 좋지만, 계절이 지나 해체해서 상자에 넣어보니 부피가 엄청나다. 넓지 않은 아파트에서 크리스마스트리를 그야말로 이고 지고 살게 되었다. 길어야 한 달 남짓을 위해 일 년 내내 방 한쪽 가득 트리를 모시고 살아야 했다. 그런 만큼 제 계절이 왔을 때 부지런히 조립하고 근사하게 장식해서 멋지게 세워놓아야지! 여기저기 여행지에서 사 모았던 트리 장식물도 붙이고, 반짝이는 전구들도 달고……. 또 이렇게 크리스마스트리를 함께 만드는 것이 먼 훗날 애지니에게 좋은 어린 시절 추억으로 남을 것이라고 스스로를 세뇌하면서 열심히 트리를 조립했다. 귀찮지만 분발해서 케이크도 함께 굽고, <나 홀로 집에> 시리즈도 같이 보겠다고 다짐하면서.

"애지나, 이번 크리스마스에는 뭘 할까? 너 뭐 하고 싶어? 특별하게 하고 싶은 거 없어? 아빠가 다 해줄게."

기말이라 이제 막 처리한 시험지들이 봉투째로 여기저기 나뒹굴고 있었는데 트리 보관 상자에서 나온 온갖 잡동사니까지 더해진 거실 바닥을 보면서 애지니도 정신이 좀 없었나 보다.

"크리스마스에는 일단, 집을 깨끗이 정리하자 아빠."
"응 알았어. 그러고 나서?"

"응, 좀 쉬자."
"쉬어? 그럼 돼? 그냥 쉬면 되는 거야?"

"응, 그럼. 어디 놀러 가지 말고 푹 쉬자. 선물 받아야지, 선물 받으면 크리스마스 같아. 선물 받으면 충분해."

애지니는 크리스마스가 무엇인지 정확하게 알고 있다.

산타의 비밀

아이들은 7살까지는 산타의 비밀을 잘 모른다. 애지니도 분명 아직은 모른다. 하지만 오늘 난 산타의 비밀을 애지니에게 말해줄지도 모른다.

애지니는 크리스마스에 모두 4개의 선물을 예상한다. 제일 먼저 받는 것은 어린이집 선물이다. 물론, 이 선물은 부모가 미리 어린이집에 맡겨 놓으면 어린이집에서 산타 복장을 한 선생님이 주시는 것이다. 선물을 받지만, 티가 너무 나는 가짜 산타의 선물이므로, 진짜 산타는 집으로 올 것이라며 기다린다. 물론 산타의 선물이 크리스마스의 메인 선물이지만, 애지니 입장에서는 엄마 아빠의 선물과 산타의 선물의 경중을 굳이 나눌 필요가 없다. 엄마 아빠를 차별하지 않기 위해서 둘 모두에게, 선물할 기회를 공평하게 주는 배려심까지 갖추었다. 그리하여 가짜 산타, 진짜 산타, 엄마, 아빠 이렇게 총 4개의 선물을 애지니는 기대한다.

미처 이 셈법을 따라가지 못한 아빠는 이 늦은 밤 산타 선물이 아닌 아빠의 선물을 구해야 한다. 가짜 산타, 진짜 산타, 아빠의 삼중 역할이 버겁다. 산타의 비밀을 말해주고 싶다. 사실은 아빠가 산타라고……. 오늘 밤 동심을 파괴하고 싶다!

　학교 가면 알게 되겠지……. 일 년만 참기로 한다.

우리 것은 좋은 것

저녁 밥상에서 불고기를 상추에 싸서 먹고 있었다. 애지니는 유달리 쌈장을 좋아한다. 할아버지, 할머니와 어려서부터 같이 살았기 때문에 어르신 입맛을 닮은 것이다. 쌈장을 쌈에 넣어 먹는 것도 모자라서 밥에 비벼서 막 퍼먹는다. 그것도 모자란지 쌈장 맛에 감탄하여 탄성을 내지른다.

"It's delicious!"

영어는 결국 쌈장 맛을 표현하기 위해 배운 것이다. 학원에서 아무리 영어를 배워도 애지니는 쌈장에 미치는 한국인이다. 우리 것은 좋은 것이여!

아빠, 빨리 커!

함께 아침을 먹다가 애지니가 얼마 전 결혼한 사촌 언니 부부를 화제 삼는다.

"아빠, 지영 언니 남편은 정말 크지, 지영이 언니보다 더 크지?"

'당연하지'라고 아빠는 무심코 말했다. 애지니 사촌 언니 지영이는 키가 170cm가 넘는데 남편은 거의 190cm가 다 되는 것 같다. 아빠가 당연하다고 말한 것은 그냥 눈으로 봐도 '당연히' 신랑이 지영이보다 크다는 말이었다. 그런데 애지니는 의아하다는 표정으로 날 바라본다.

"당연해? 그런데 엄마가 왜 아빠보다 크지? 아빠, 빨리 커. 빨리 커라……"

셋

아
니,

더 행복해졌겠지

아빠는 애지니 스타일

초등학교에 입학하고 한 달 정도가 지났다. 처음에는 힘이 드는지 입술을 자꾸 빨아서 입술이 조금 트더니 며칠 지나자 입 주변이 전부 빨갛게 타올랐다. 그러면서도 학교가 어린이집과 별로 다르지 않다고 시시하게 생각하기도 했다. 그런데 얼마 전부터는 점점 재미있어하는 눈치다. 아파트 단지가 학교 담장과 거의 붙어있어서 단지 내에 친구들이 많이 살고 있으니 자기 방 창밖으로 놀이터에 누가 나와 있는지를 유심히 살펴본다. 그러다 학교 아이들이 있으면 재빠르게 뛰어나간다. 학교생활에 관해 묻는 것을 좋아하고, 묻지 않으면 물어보라고 보채기도 한다. 오늘은 보채지도 않았는데 아빠가 먼저 물어보았다.

"애지나, 초등학교에 다녀서 좋은 점이 뭐야?"

애지니는 이렇게 먼저 물어봐 주어서 신이 났다.

"응 남자애들 중에 맘에 드는 애들이 많아. 어린이집에서는 별로였는데…… 초등학교 남자애들은 내 스타일이야."
"그래? 네 스타일이 어떤 건데?"

"응. 나랑 얘기가 잘 통하고, 적극적이고, 재미있는…… 아, 그런데 아빠, 말하고 보니 그게 아빠네……"

애지니는 이 의외의 발견에 울상이 되었다. 하지만 아빠는 눈물이 나도록 기쁘다. 아빠는 애지니 스타일이다.

좋아하는 남자친구

아이가 학교에 다니기 시작하면 어리석은 아빠들이 즐겨 던지는 질문이 있다. "애지나, 넌 학교 남자애들 중에서 누굴 좋아해?" 이런 상투적인 질문을 그저 무시해도 좋으련만 애지니는 항상 성심성의껏 대답한다. 매번 애지니는 아이들 여럿에 대해 말하면서 그 아이들의 장점을 나열해 줬다. 누구는 키가 작지만 힘이 정말 세고, 누구는 만화를 잘 그리고, 그래서 애지니는 웬만한 아이들은 다 좋아하는 눈치이다. 그런데 오늘은 조금 다르다. 마치 질문을 기다렸다는 듯 약간 들떠서 반가워한다. 그러면서 쑥스러워 얼굴까지 빨개진다. "왜 그래? 애지나 쑥스러워서 대답 못 해?" 애지니는 빨간 볼로 활짝 웃는다.

"아니, 좋아하는 애가 여럿이어서 가장 좋은 게 누구인지 말하기가 힘들어."
"음…… 그럼 지난번처럼 친구들의 장점을 얘기해봐."

"그런데 장점이 없는데도 그냥 좋으면?"

"그래? 와…… 그럼 바로 그 친구가 네가 가장 좋아하는 친구인가 보다. 그냥 좋으니까. 그게 누군데?"

쑥스러워 말을 못 한다. 그 아이의 이름을 말하는 것 자체가 너무 쑥스러워서 아빠를 공연히 때려주다가 아빠 등에 이름을 써준다.

"아하, ○○이구나! 걔가 그냥 좋아?"

"응. 그래. 그냥 좋아. 아냐 아냐 걔도 장점이 많아.

아빠, ○○이는 맞는 말을 잘해. 다른 애들은 틀린 말을 많이 하는데. 그리고 나 전자시계 시간이 틀려졌을 때 시계도 맞춰 줬어. 아빠가 시간 어떻게 맞추는지 모른다고 했던 거 있잖아."

아빠는 애지니의 취향을 조금 알게 되었다.

애지니는 똑똑한 남자를 좋아한다.

애지니는 고3

침대 위에 인형들을 줄지어 앉힌다. 원숭이, 곰, 고양이, 피카츄, 그리고 5명의 바비인형. 오늘의 상황은 학교놀이. 인형들은 모두 학생들이다. 동물인형들은 초등학생이고, 바비인형 중에서 셋은 중학생, 나머지 둘은 고등학생이란다. 그리고 그리스의 엘레나 이모가 사준 파란 눈의 엘레나 인형은 선생님이다. 아빠가 엘레나 인형을 조종하면서 선생님 역할을 해야 한다.

이 학교는 초중고 학생들이 한 반에 다 모여있고 선생님이 학생들 하나하나를 따로 가르쳐야 하는 그런 복잡한 학교이다. 아빠가 선생님, 애지니가 학생 역할을 하는 방식인 줄 알고 아빠는 놀이를 시작했는데 애지니는 침대 위가 아닌 책상에 가서 혼자 앉아 책을 읽는다.

"넌 왜 거기 앉아?"

"아빠. 나한테 말 시키지 마."

"왜? 학교놀이 하고 있잖아."

"그래 학교놀이 하는 거야."

"그런데 왜 넌 빠지냐고?"

애지니는 정말 아빠가 놀이의 규칙을 너무도 몰라서 귀찮다는 표정이다.

"아빠. 저기 초등학생들, 중학교 1, 2, 3학년 인형하고, 고등학교 1, 2학년이 있잖아."

"응."

"걔네들이랑 놀아. 난 고3 역할이야. 나한테 말 시키지 말라고. 공부해야 하니까!"

아빠는 30분 넘도록 힘들게 인형들과 학교놀이를 했고, 고3인 애지니는 혼자, 조용히 동화책을 읽었다.

우문현답

애지니는 만 두 살 무렵부터 어린이집을 다녀서 초등학교 가기까지 5년을 어린이집에 다녔다. 그래도 어린이집 운이 좋아 처음 다닌 어린이집은 시설과 선생님들이 너무 좋은 '공립' 어린이집이었다. 엄마가 연구원으로 있는 대학에 '다문화센터' 가 개원하면서 어린이집을 옮겼는데, 애지니는 '다문화센터' 의 프로그램을 무척 좋아했다. 사실 '다문화센터'는 영어교육은 물론 다양한 교육 프로그램을 제공하여 다소 학비가 비쌌지만, 그래도 대학교 교내기관이기 때문에 다른 영어 유치원보다 월등히 쌌다. 하지만 대학교가 비싼 영어유치원을 운영한다는 여론의 비난 때문에 일 년 만에 문을 닫고, 기존에 운영되던 대학교 어린이집으로 편입되었다. 그런데 애지니는 그 일 년간의 기억을 두고두고 곱씹는다.

"애지나, 왜 그렇게 다문화센터가 좋아?"

"응, 영어 배우는 것도 좋고, 아침에 발레 배우는 것도 재미있어."

"그럼, 다문화센터가 계속 있었더라면 네가 더 똑똑해졌겠네?"

아빠의 질문에 애지니는 약간 의아해하며 아빠의 예상 답을 고쳐준다.

"아니, 더 행복해졌겠지."

교육은 사람을 행복하게 하기 위한 것임을 애지니에게 배운다.

길을 걸었지

　어린 시절 함께 살았기 때문에 애지니는 주말에는 꼭 할머니 할아버지 집에 가고 싶어 한다. 아이 덕에 아빠는 매주 부모님을 뵙는 효자가 되었지만, 엄마까지 그럴 필요는 없어서 아빠와 애지니 둘만 갈 때도 자주 있다. 아빠와 애지니가 둘이 저녁에 집으로 돌아오면서 차 안에서 늘 하는 놀이는 노래 만들기이다. 하나의 노래를 즉흥적으로 만들면서 한 소절씩 번갈아 부르는 놀이다. 그렇다고 항상 멜로디를 만드는 것은 아니고 때로는 이미 있는 노래에 새 노랫말을 입히는 식으로 놀이를 한다.

　오늘은 원곡을 그대로 부르고, 후렴 부분만 가사를 바꾸는 놀이를 했다. 아빠가 고른 곡은 김창완의 ＜회상＞이다. 아빠가 앞부분을 부르면, 뒤의 후렴 부분을 애지니가 완성하는 놀이를 했다. 그러니까 '길을 걸었지. 누군가 옆에 있다고 느꼈을 때 나는 알아버렸네' 하고 한 소절이 끝나면 그다음 가사를 애지니가 만들어나간다. 어차피 애지니는 이 오래된 노래의 가사를 모르고, 멜로디는 단순해서 새로 붙일 필요도 없이 그저 따라가면 그만이다. '이미 그대 떠난 후라는 걸 나는 혼자 걷고 있던 거지'라는 가사를 모르니까 애지니는 '길을 걸었지. 자꾸 걸었지. 온종일 걸었지. 밤새 걸었지'로 받는다. 이렇게 노래는 걷는 것으로 시작되어서 멈출 수 없이 끝없이 걷는 노래가 되었다.

  "또 길을 걸었지. 계속 걸었지. 바람이 불어도 걸었지. 눈이 와도 걸었다네."

  이렇게 한 이십 분이 넘게 걷다가 애지니는 슬슬 노래를 끝내고 싶어 한다.

  "비가 와도 걸었지. 다리 아파 죽겠네. 아빠 미워 죽겠네. 계속 걷자 하네."
  "또 길을 걸었지. 신발도 안 신고 걸었지. 아이고 추워라. 다리가 물에 젖어서 집에 가야 하겠네."

  아빠는 노래를 끝내고 싶어 하는 애지니를 자꾸 집에 못 가게 한다.

"집에 가서 신발을 갈아신고 나왔네. 또 길을 걸었지."

그러고도 한참을 걷고, 학교도 가고, 외국도 가서 걷는 노래를 계속 부른다. 애지니는 급기야 울먹인다.

"길을 잃었네…… 집에 못가네…… 아빠도 집에 가는 길을 모르네."

마침 집에 도착했기에 노래 만들기 놀이는 끝이 났고, 애지니도 더 이상 울지 않았다. 긴 놀이 여정의 끝에서 아빠는 깨닫는다.

내가 길을 잃으면 아이가 길을 잃는다…….

피아노곡의 해석

어젯밤에 잠깐 들린 막걸릿집의 주인은 연극 음악감독이다. 고등학생인 딸이 피아노곡을 작곡, 연주하여, 독립 레이블 형태로 음반을 냈다며 CD 한 장을 주셨다. 운전하면서 뒷자리에 앉은 애지니에게 고등학생 언니가 만든 피아노곡이라며 들려주었다. 평소 클래식을 지루해해서 다른 것을 틀어달라고 하겠지 했는데 웬일인지 계속 듣고 싶다고 한다. 맑은 소리의 피아노곡 한 곡을 듣고 애지니에게 어떤 느낌인지를 물어보았다.

"음…… 노래 속에 고통이 있어."

"뭐? 고통?"

"응 이거 만든 언니가 힘든가 봐."

"왜 힘들까?"

"혼자 있어서 힘든 것 같아."

예상하지 못한 묵직한 답에 아빠는 조금 놀라면서 약간 기대 섞인 대화를 이어갔다.

"아빠는 이 곡이 외로워 보이진 않고 얼음이 녹고 물 흐르는 느낌이야." 하고 말하니, 애지니는

"난 가을에 낙엽 밟는 느낌이야. 호숫가에서. 그런데 거길 벗어나지 못해서 힘들어해." 하고 답한다.

우리는 한 곡을 더 듣기로 했다. 다음 곡은 꽤 길었다. 예상과 달리 제법 진지하게 음악에 관해 이야기하길래 대견해서 그냥 집중해서 듣도록 놔두었다. 곡이 다 끝나고 이번에는 무슨 말을 할까 궁금했다.

"애지나, 이 곡은 어때?"

애지니는 말이 없었다. 돌아보니 잠이 들었다. 애지니는 음악과 하나가 되었고, 아빠는 외롭다.

클래식 음악은 애지니에겐 그저 자장가였다.

여자가 원하는 것

애지니 엄마가 허벅지에 뭔가 멍울진 것이 있다며 만져보라고 한다. 만져보았지만 잘 모르겠다. 엄마는 뭔가 분명 만져진다고 다시 잘 만져보라고 하지만, 다시 만져보아도 아빠는 잘 모르겠다. "그냥 안에 염증이 좀…… 낫겠지 뭐. 별 것 아닐 거야. 걱정하지마." 이렇게 말하는데, 곁에서 듣고 있던 애지니가 선생님 같은 목소리로 나무란다.

"에헤! '염증이 좀 낫겠지'가 뭐야!
'얼마나 아파'라고 해야지!"

애지니는 아빠에게 여자의 마음이 어떤 것인지를 가르친다. 공감하는 방법을…….

그녀가 누구야?

운전하면서 나도 모르게 노래를 흥얼거린다. 늘 그렇듯이 오래된 옛날 노래를. 머릿속에서는 해변에서 기타 들고 빙 둘러앉은 대학 시절처럼 신이 나서.

"조개 껍질 묶어 그녀의 목에 걸면……"

뒷자리에 앉은 애지니가 노래를 끊고 추궁이라도 하듯 묻는다.

"아빠! '그녀'가 누구야?"

갑작스럽게 예상치도 못한 질문에 아빠는 괜한 죄책감에 말을 더듬는다.

"글쎄……. 엄마겠지……, 아니면 누구겠어?"

애지니는 창 밖을 바라보며 심드렁하게 또 조금은 새초롬하게 대답한다.

"나야 모르지……"

생각주머니

"아빠, 난 학교에서 여자아이 중에 아는 척 많이 하는 애들
은 별로야. 그런 애들은 사실은 '생각주머니'가 나보다 작아.
난 머리가 크잖아. 머리가 크다고 생각주머니가 다 큰 것은
아니지만, 머리가 크면 생각주머니가 클 수 있어."
그리고는 뜬금없이 한마디 덧붙인다.

"그런데, 얼굴이 작다고 반드시 좋은 건 아니야."

아빠가 "너는 얼굴이 작은데……" 하며 위로해 주려는데,
애지니는 그런 아빠의 위로를 단호히 거절한다.

"아빠 나 얼굴 커. 머리가 크다구. 그래서 생각주머니가
크다니까!"

참아서 얻는 것

가끔은 애지니를 이해할 수 없다. 애지니는 아까부터 땀을 흘리면서 앉아있다. 왜 그러냐고 물어봐도 잘 대답을 안 하고는 뭔가 불편한 기색이다. 어디가 아픈 것은 아닐까 걱정이 되어 소리를 좀 높여서 물어봤다.

아빠: 왜 그래? 어디 아파?

애지니: 아빠, 괜찮다고. 나 똥이 마려워서 그래.

아빠: 그럼 화장실에 가면 되잖아?

애지니: 싫어. 귀찮아. 참을 거야.

아빠: 참을 게 따로 있지. 그걸 왜 참아?

애지니: 아빠, 자꾸 말 시키면 나 힘들어. 힘주고 있어야 한다구.

아빠: (괴로워하는 애지니에게) 그걸 그렇게 참아서 얻는 게 도대체 뭐야?

애지니: (곰곰이 생각하다가) 조금 더 큰 똥?

애지니는 크게 될 것 같다.

뽀로로의 삼각관계

애지니는 거품 목욕을 좋아한다. 거품 속에서 목욕하면서 인형을 가지고 노는 걸 재미있어한다. 거품은 훌륭한 무대가 된다. 때로는 몸을 숨길 숲이 되고, 때로는 구름이 된다. 아빠는 목욕탕 인형극장에서 인형 보조 조종자이다. 등장인물이 셋 이상이면 두 손이 모자라니까 세 번째 인형은 아빠가 잡고 있어야 한다.

애지니가 쓰고 연출하는 오늘의 시나리오는 <뽀로로의 삼각관계>! 뽀로로와 패티가 사귀고 있는데 루피가 뽀로로를 좋아해서, 루피는 비누 거품으로 된 구름 위로 신을 만나러 가서 도움을 청한다. 다행히 신이 여럿이라서 루피는 여러 가지 조언을 받을 수 있었다.

첫 번째 신이 루피에게 조금은 비굴한 조언을 한다. 사랑을 얻기 위해서는 노예가 되어야 한다.

"뽀로로가 시키는 대로 다 하면, 뽀로로가 너를 좋아할 것이다!"

두 번째 신은 상상도 못 할 엽기적인 충고를 해준다.
"패티는 원래 쌍둥이란다. 쌍둥이 여동생이 죽었으니, 그 껍질을 벗겨서 네가 뒤집어쓰고, 패티인 척하며 뽀로로와 사귀거라!"

세 번째 신은 다른 신들보다는 현명하다.
"뽀로로와 사귀고 싶으면, 뽀로로가 좋아할 것 같은 행동을 하거라!"

하지만 '애지나, 너는 그냥 널 있는 그대로 좋아하는 친구들을 만나면 좋겠어.'

리어왕

 여름방학인데 요사이 며칠은 엄마가 바빠서 아빠하고만 놀고 있다. 오늘은 오전부터 '할리갈리', '원카드'를 하다가 점심도 먹기 전에 아빠는 지쳐버렸다. 아이와 놀 때는 생각보다 집중을 많이 해야 한다. 특히 '할리갈리'를 할 때는 정신을 바싹 차려야 한다. 무늬가 같은 것이 떨어지는 순간, 내 것과의 합이 5가 되도록 계산하면서 상대보다 먼저 카드를 던져야 한다. 상대가 속임수를 잘 쓰는 애지니일 때는 더욱 집중해야 한다. 애지니는 종을 자기 쪽으로 조금 당겨 놓거나 미리 카드 밑장을 슬쩍 본다. 계속 정신을 한 곳에 집중하려니 피곤해지고, 그래서 놀이를 건성으로 하니까 애지니도 재미가 없는지 이제 다른 놀이를 하자고 제안한다.

 이야기 놀이!
 이 놀이의 특징은 항상 이야기하는 사람은 아빠라는 점이다. 아는 옛날얘기가 다 동이 나서 엉겁결에 시작한 것이 얼마 전에 공연 리뷰를 썼던 셰익스피어의 <리어왕>. 아무튼, 여기엔 왕도 나오고 공주도 여럿 나오니까 아이가 좋아하겠거니 생각하고 이야기를 이어갔다. 리어왕이 세 명의 딸에게 '아버지를 얼마나 사랑하는지를 말해주면 나라의 1/3씩을 주겠다'라고 말하는 첫 장면부터 애지니는 이야기 속으로 쭈욱 빨려 들어갔다. 그런데 셋째 딸 코딜리아가 쫓겨나는 장면부터 입을 씰룩거리기 시작한다. 그러더니 급기야 코딜리아가 죽는 장면에서 울음을 터뜨리고 말았다. 그야말로 대성통곡이다. 처음 알았다. 노인이 주인공인 리어왕이 어린아이를 위한 연극일 수 있다는 것을.

셰익스피어는 위대하다!

런닝맨2: 아빠·엄마 vs 강개리·송지효

"아빠는 엄마가 좋아? 내가 좋아?"

이런 질문은 항상 아빠가 애지니에게 하던 질문이라, 반대로 그 질문을 당하고 보니 말문이 막힌다. 둘 다 좋다는 정답 말고 뭐 좀 다른 답이 없을까?

괴로워하는 아빠를 위해 애지니는 친절하게도 질문을 조금 바꿔준다.

"그럼 강개리가 좋아? 송지효가 좋아?"

애지나. 너는 〈런닝맨〉이 그렇게 좋니? 강개리, 송지효가 아빠 엄마만큼 좋아?

비도 힘든 날

방학 숙제로 애지니는 일주일에 한 번 정도 그림일기를 쓴다. 그런데 아마도 선생님께서 날씨 난을 재미있게 써보라고 말씀하셨나 보다. 8월 6일 수요일의 날씨 난에는 이렇게 쓰여있다. '비도 힘든 날.' 애지니에게 물어보았다.

"비가 왜 힘들어?"
"비가 계속 쉬를 하는 거야. 그런데 온종일 멈추질 않으니까 옆구리가 아픈 거지……."

8월 16일의 날씨는 '썬크림을 다~ 쓰는 날.'
해가 무척 강한 날이었나 보다.

넷

—
아
빠,

그런데 반항이 무슨 뜻이야?

내 맘도 몰라

애지니는 항상 놀아달라고 보채다가도 막상 아빠가 놀러 나가자고 하면 싫다고 할 때가 있다. 이럴 때면 삐진척하며 보채본다.

"애지나, 아빠 맘도 몰라주고……."

"아빠, 내가 내 맘도 모르겠다구."

시네마천국

아빠는 애지니와 함께 영화를 보는 것을 좋아한다. 때로는 아직 아이에게는 맞지 않은데도 내가 너무 좋아했던 영화라서 빨리 보여주고 싶은 영화들이 있다. 영화에서 아이에게 부적절한 장면이 나오면 일부러 말을 걸어서 주의를 빼앗는 방식으로 영화를 보면 큰 불편은 없다.

오늘 고른 영화는 〈시네마천국〉.

주인공인 토토의 어린 시절이 영화의 중요 부분을 이룬다는 이유로 애지니가 좋아할 거라고 결론을 짓고 함께 영화를 보았다. 애지니는 조용히 영화를 잘 따라갔다. 가끔 지루해할 때도 있었지만 잔잔한 영화의 흐름을 아빠가 따라가는 것과 그리 다르지 않게 따라갔다.

영화의 엔딩 장면은 신부님이 검열하여 잘라낸 키스 장면들을 알베르토 아저씨가 붙여놓은 것을 영화감독이 되어 돌아온 토토가 영사실에서 혼자 보는 장면이다. 애지니가 이 키스 장면들에 어떤 반응을 보일까 궁금했다. 쑥스러워할까? 재미있어서 깔깔거리고 웃을까?

키스 장면들이 쭉 지나가는데, 애지니의 어깨가 들썩이기 시작한다. 엉엉 소리 내 울다가, 울음소리가 커지더니, 어떻게 달래 볼 수 없을 만큼 서럽게 울음이 터져버린다. 한 번도 이렇게까지 흐느껴 우는 것을 본 적이 없을 만큼 그렇게 오랫동안 울었다.

"애지나 왜 울어?"

"저게 할아버지가 준 선물이잖아……. 저거 다…… 뽀뽀하는거 저거 다…… 죽은 할아버지가 준 선물……."

애지니는 세상의 가장 달콤한 순간은 가장 슬픈 이별의 순간과 하나라는 것을 이미 이해하고 있다.

아무튼, 그날 이후로 애지니는 아빠와 영화를 보는 것을 그리 반기지 않는다. 아빠가 보여주는 영화를 보면 감정적으로 힘들다면서 함께 보고 싶지 않다고 한다. 자기는 영화 보고 재밌으면 좋겠는데 자꾸 울게 만드는 영화를 본다고.

누가 가슴을 더 뛰게 할까?

"아빠, 우리 반에서 남자애 중 내가 누굴 젤 좋아하는지 알아?"
애지니가 대뜸 이렇게 묻는다.

"모르지…… 누군데?"
"글쎄, 나도 모르겠어. 여러 명이 있는데…… 아빠 우선,
'○○'이라고 말해봐……, 그러면 내가 내 가슴에 손을 얹
고 얼마나 가슴이 뛰는지 재 볼게."

이 엉뚱한 시도에 아빠는 웃음이 나올 수밖에 없다. 두 번째는
'△△'란다. 아빠가 '△△'라고 외치고 애지니는 또 제 가슴에
손을 댄다.
"그래. 누가 더 가슴을 뛰게 해?"
무언가를 알아냈다는 회심을 미소를 짓고서 애지니는 단호
하게 대답한다.

"몰라도 돼!"

엄마는 자라

　학교에서 어항 속 물고기로 가족을 표현하는 그림을 그려 왔다. 어항 속에는 큰 물고기 하나, 그리고 그 아래에 작은 물고기가 또 한 마리가 있었다. 큰 물고기는 아빠, 작은 물고기는 애지니다. 큰 물고기와 작은 물고기는 모두 왼편을 향하고 있었는데, 선생님의 해설에 따르면, 아빠와 자신을 위계적으로 파악하고 있으며 둘의 방향이 일치하는 것은 둘의 관계가 좋다는 것을 뜻한다고 한다. 그런데 애지니는 엄마를 물고기가 아닌 거북이로 그렸다. 게다가 거북이는 수면을 향하고 있었다. 엄마가 애지니에게 항의한다.

　"왜 나만 거북이야? 왜 나만 다른 곳을 보고 있어?"
　"엄마, 이건 거북이가 아니라 자라야! 엄마는 맨날 잠만 자니까…… 엄마는 자라!"

설거지

아빠가 열심히 저녁 설거지를 끝냈다. 엄마가 출장 중이라서, 저녁을 아빠가 해 먹이고, 설거지까지 깨끗이 한 아빠는 스스로가 대견하다. 가사 분담을 나름 잘한다고 생각하고, 게다가 설거지만은 그 누구보다도 열심히 한다고 자부한다.

"애지나, 넌 설거지 잘하는 남자가 좋아? 아니면 설거지 안 하는 남자가 좋아?"
"난 둘 다 좋아! 그런데 아빠 그런데 왜 꼭 설거지를 가지고 남자를 골라야 해? 다른 것을 잘하면 되잖아? 노래를 잘하거나, 귀엽거나…… 그걸로 고르면 안 돼?"

설거지만 잘하면 좋은 남편이 될 줄 알았는데……. 세계는 넓고 할 일은 많다.

Botero에 대한 감상

오늘은 인문학 미술교육을 위해 거실 책장에서 보테로 Botero 화집을 꺼내 동화책인 척 슬쩍 애지니 앞에 놓았다.

두터운 보테로 화집을 보더니 애지니는 아빠가 놓은 그 떡밥을 집어 들고, 한참을 들여다본다. 살짝 미소지었다가 눈썹을 찌푸리다가를 반복하면서 한 페이지, 한 페이지 책장을 넘긴다. 애지니가 화집을 들여다보는 시간이 길어질수록 아빠는 미술작품을 본 애지니의 감상평에 대한 기대가 높아진다.

드디어 마지막 책장을 넘겼다. 아까부터 앞에 앉아 감상평을 기다리는 아빠의 심정을 알고 있는지 눈을 들어 아빠와 눈을 맞추고는 그렇게 기다리던 한마디를 던진다.

"다들 몸매 관리를 너무 안 해!"

반항이란 무엇인가?

요즘 애지니는 점점 고집이 세진다. 의견이 맞지 않을 때 아빠 말에 쉽게 순응하지 않는다. 오늘도 한순간 발끈하면서 말대답을 한다.

"너 반항하는 거니?" 그런데 대답이 가관이다.
"아니, 나 반응하는 건데."

오호라. 정말 재미있는 말장난이다. 내심 이렇게 흥미로운 언어유희를 할 줄 아는 애지니가 대견스러워 화를 내려 했다가 도리어 머리를 쓰다듬어 주었다. 칭찬받아서 기분이 좋아진 애지니가 이젠 고집스러운 눈이 아니라 순진한 눈이 되어 묻는다.

"아빠, 그런데 '반항'이 무슨 뜻이야?"

아빠 많이 짜증 나?

애지니는 요즘 외모를 가꾸는 데 신경을 많이 쓴다. 거울 보고, 로션 바르는 데 시간이 오래 걸린다. 오늘은 엄마 마스카라까지도 바르고, 볼 터치, 입술까지 화장을 진하게 하며 놀고 있다.

"애지나, 넌 네 모습이 마음에 드니?"
"응."
"다행이다. 자기 모습이 마음에 들지 않는 사람도 많을 텐데…… 그러면 거울 볼 때 짜증 날 거야, 그렇지?"

"응, 아빠 많이 짜증 나?"

아빠와 만유인력

식탁이 조금 비뚤어진 것 같아서 자리를 제대로 잡으려 움직이다가 식탁 위의 사과가 떨어졌다. 사과가 떨어지는 것을 바라보고 만유인력의 법칙을 생각해낸 뉴턴이 생각나서, 이번엔 과학교육을 시도해본다.

"애지나 사과가 떨어졌어. 이 사과가 높은 곳에서 낮은 곳으로 왜 떨어졌지?"

애지니는 그걸 왜 나한테 묻느냐는 식으로 짜증 섞인 목소리로 대답한다.

"아빠 때문에 떨어졌잖아!"

아빠는 만물의 움직임의 근원적인 이유이다.

콩쥐, 팥쥐 그리고 돼쥐

엄마가 애지니 머리를 곱게 빗어 뒤로 묶어준다.

"우리 애지니는 이렇게 하나로 뒤로 묶으면 너무 예뻐."
모녀의 다정한 순간에 질투가 난 아빠는 공연히 트집을 잡는다.

"뭐가 예뻐, 민속촌 스타일이. 애지나 너 콩쥐…… 아니 팥쥐 같다." 뽀로통해진 애지니는 아빠가 밉다.

"아냐, 나 팥쥐 싫어. 콩쥐 할래……" 그리고
"아빠는 '돼쥐' 해!"

건축학개론

애지니가 더 어렸을 때 정원이 있는 멋진 집을 지어주겠다고 약속했다. 잔디가 깔린 마당에서 아이와 뛰어놀다가 파라솔 아래에서 땀방울을 함께 식히는 것…… 이것은 아마도 모든 아빠의 꿈일 것이다. 하지만 정원은 고사하고 베란다에 화분 놓을 자리도 변변히 없이 전세 아파트를 벗어나지 못하고 있으니 애지니와의 약속은 지켜지지 못할 것 같다.

"아빠, 우리 집 언제 지을 거야?"
"음, 글쎄 당분간은 힘들 것 같아. 애지니가 더 크면……,
대학생 될 때쯤?"

이렇게 말하는 아빠 마음이 궁색하다. 조금은 실망스러워하면서도 애지니는 이내 대수롭지 않은 표정이다.

"아빠, 대학생은 뛰어놀지 않잖아. 그러니까 마당이 있는 집은 뛰어노는 어린이 때 필요한 거야. 내가 어른이 되어서 내 아기한테나 마당이 있는 집을 지어줘야겠다."

아빠는 미안해하면서도, 또 이 미안한 순간에 애지니의 진로 지도를 시도한다.

"그럼 애지나, 넌 건축가가 되면 좋겠다. 네 아이에게 멋진 집을 지어줄 수 있을 거야."
"그래? 그럼 난 건축가가 될래."

하지만 며칠 뒤 애지니는 진로를 수정했다고 진지한 표정 으로 아빠에게 통보한다.

"아빠, 난 원래대로 그냥 가수가 될래. 대신 집은 건축가 남자친구를 사귀면 될 것 같아."

아빠의 실패를 딛고 애지니는 스스로 사는 법을 터득한다. 다음번에는 <건축학개론>을 함께 보아야겠다.

겨울 냄새

애지니 아빠가 가장 좋아하는 달은 11월이다. 겨울이 시작되는 시간, 가슴으로 들이마시는 차갑고 깨끗한 공기의 '맛' 때문이다. 11월의 첫날 아침, 마침 일요일이다. 함께 아파트 1층 현관을 나서는데 애지니가 심호흡을 한다.

"아, 겨울 냄새! 난 겨울 냄새를 맡을 수 있어."
"겨울 냄새가 어떤 건데?"

"응, 제일 처음은 오뎅 냄새……. 그리고 스케이트장 냄새, 눈 냄새……. 또 바람 냄새야……, 바람도 냄새가 있어."

아빠도 바람 냄새를 맡아본다. 애지니는 어떻게 아빠랑 똑같은 냄새로 겨울을 느낄까? 올겨울은 온갖 겨울 냄새로 가득한 '맛'있는 겨울이 올 것 같다.

마지막 질문, 엄마가 좋아 아빠가 좋아?

11살 애지니에게 오늘도 또다시 물어본다.

"애지나, 너는 엄마가 좋아 아빠가 좋아?"

어린 시절, 이 질문을 부모님께서 하실 때는 정말 난감하고
도 짜증스러웠다. 그러나 그런 기억에도 불구하고 여전히 집
요하게 이 질문을 애지니에게 계속한다. 11살 아이에게는 이
제 어울리지 않는다는 것을 잘 알고 있지만, 아빠의 특권 중의
하나를 아직은 포기하고 싶지 않은 것이다. 귀찮아하는 반응
까지도 아빠에겐 즐거움이다.

기가 막힌다는 표정으로 아빠를 바라보는 애지니 얼굴에는
짜증스러움을 넘어서 이제는 아빠가 이런 짓을 더 이상 하지
않도록 설득해야겠다는 책임감이 엿보인다.

"아빠, 11살짜리 딸한테는 그렇게 묻는 게 아니야!"

"그럼 어떻게 물어봐야 해?"

애지니는 마치 훈계하듯 아빠를 바라보며 또박또박 끊어 말한다.

"이렇게! 묻는 거야. 애지나! 넌 수학경시대회가 좋아? 영어경시대회가 좋아?"

애지니의 사춘기를 기다리며

애지니에게 인문학적인 교육을 하겠다며 이리저리 유도해
본 아빠의 계획은 항상 무산되었다. 왜냐하면, 애지니는 이미
모든 것을 아빠보다 더 정확하게 알고 있었기 때문이다. 오히려
배움은 항상 아빠의 몫이었다. 애지니가 낳은 말들 속에서
아빠는 말의 원래 뜻을 배웠다.

하지만 시간과 함께 아이는 자라난다. 이제 애지니는 어린
아이가 아니다. 아빠는 애지니가 이제 어린이가 아니라는 것
을 아이의 변해가는 모습에서도 느끼지만 아이의 말을 받아
적을 기회가 얼마 전부터 점점 줄어들고 있다는 것에서 더욱
실감한다. 애지니는 더 이상 말을 낳지 않는다. 대신 세상의
말들을 열심히 배우기 시작했다. 공연히 아빠를 너무 믿고 따르
다가 자기 혼자 창조적으로 남과 다른 생각을 할까 봐 두려워
한다. 다른 사람들이 무엇을 생각하는지, 어떤 방식으로 말을
하는지를 관찰하고 따라한다.

청소년이 된다는 것은 축하할 일이지만, 우리나라에서 청소년이 된다는 것을 마냥 기뻐할 일도 아니다. 애지니는 우리가 사는 대한민국을 살면서 그 속에서 행해지는 말을 배울 것이며, 공부 지옥에서 살아남기 위해 경쟁하고 살아야 한다.

세상의 말을 받아들이면 생각도 받아들이게 될까? 애지니는 커가면서 우리 삶을 옭아매는 세상의 생각을 그대로 따라갈까? 다행히(?) 애지니는 곧 중2가 될 것이다. 그리고 그때는 세상의 말을 믿지도 듣지도 않겠지. 삐딱하게 자기만의 세상을 그려가겠지. 그 눈 속에 세상은 어떤 모습으로 비칠까? 그걸 내가 알아볼 수 있을까? 말로 그려낼 수 있을까?

아빠가 바라는 것은 그 안에도 웃음이 있기를…….
세상에서 처음으로 생겨난 말은
웃음이었다는 것을 기억하기를…….